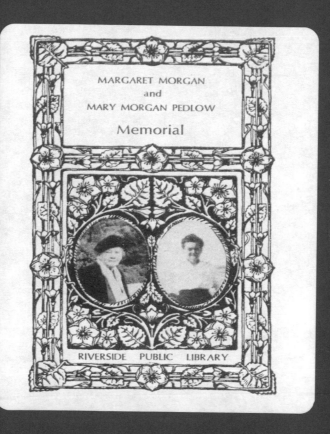

SCHOLASTIC explora tu mundo™

insectos
y otras criaturas

Penelope Arlon
y Tory Gordon-Harris

Cómo explorar tu mundo

Insectos y otras criaturas está lleno de datos muy interesantes. Si conoces las partes del libro, te será más divertido leerlo... ¡y aprenderás más al hacerlo!

Aventuras

Este libro te lleva en un emocionante viaje por el mundo subterráneo de los insectos, las arañas y otras curiosas criaturas.

La introducción nos presenta el lento mundo de las babosas y los caracoles.

Los rótulos muestran las diferentes partes de un caracol.

Averigua cuáles son los caracoles más grandes, más lentos y más sabrosos en el cuadro de datos y récords.

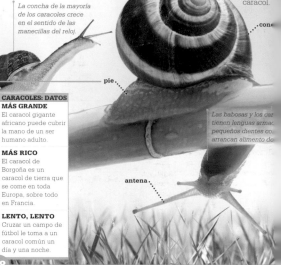

Las babosas y los caracoles

Las babosas y los caracoles son blandos al tacto y muy lentos. Los caracoles tienen una concha dura en la espalda, las babosas no.

Concha
La cría de caracol produce un líquido que se endurece y forma la concha. La concha crece y se enro. alrededor d caracol.

La concha de la mayoría de los caracoles crece en el sentido de las manecillas del reloj.

con

pie

Las babosas y los car tienen lenguas armac pequeños dientes co arrancan alimento de

antena

CARACOLES: DATOS

MÁS GRANDE
El caracol gigante africano puede cubrir la mano de un ser humano adulto.

MÁS RICO
El caracol de Borgoña es un caracol de tierra que se come en toda Europa, sobre todo en Francia.

LENTO, LENTO
Cruzar un campo de fútbol le toma a un caracol común un día y una noche.

aracol a orgoña es un caracol de tierra qu se come en toda Europa, sobre todo en Francia.

LENTO, LENTO ruzar un camp

68 Las babosas y los caracoles producen una baba que

Libro digital complementario

Descarga gratis el libro digital Busca insectos en el sitio de Internet en inglés:

www.scholastic.com/discovermore

**Escribe este código:
RCD3MGJFX746**

Lleno de criaturas que viven en el patio de tu casa

Las leyendas te dan más información sobre las babosas y los caracoles.

El texto en letra pequeña te ofrece datos interesantes.

Busca los temas en el contenido.

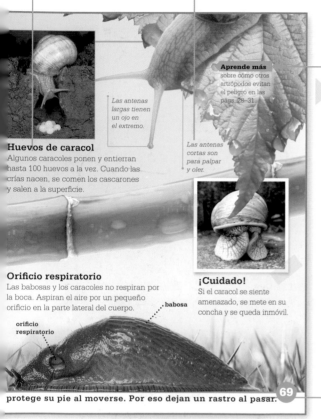

Aprende más
sobre cómo otros artrópodos evitan el peligro en las págs. 28–31.

Las antenas largas tienen un ojo en el extremo.

Huevos de caracol
Algunos caracoles ponen y entierran hasta 100 huevos a la vez. Cuando las crías nacen, se comen los cascarones y salen a la superficie.

Las antenas cortas son para palpar y oler.

Orificio respiratorio
Las babosas y los caracoles no respiran por la boca. Aspiran el aire por un pequeño orificio en la parte lateral del cuerpo.

orificio respiratorio

babosa

¡Cuidado!
Si el caracol se siente amenazado, se mete en su concha y se queda inmóvil.

Aprende más

Este símbolo te lleva a otra página con más información.

Busca las palabras nuevas en el glosario.

El renglón inferior contiene datos breves y preguntas.

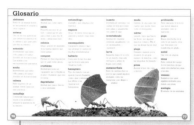

Busca una palabra en el índice para ver en qué páginas aparece.

protege su pie al moverse. Por eso dejan un rastro al pasar.

69

Haz clic en los rótulos para ver datos y estadísticas

Artículos de enciclopedia con más información

Preguntas sobre insectos y otras criaturas

Contenido

Consultora: Kim Dennis-Bryan, PhD
Consultora educativa: Barbara Russ,
21st Century Community Learning Center
Director for Winooski (Vermont) School District
Directora de arte: Bryn Walls
Diseñadoras: Clare Joyce, Ali Scrivens
Editora general: Miranda Smith
Editora en EE.UU.: Elizabeth Krych
Editores en español: María Domínguez,
J.P. Lombana
Editora de producción: Stephanie Engel
Diseñadoras de la cubierta: Natalie Godwin,
Neal Cobourne
DTP: John Goldsmid
Editora de contenido visual: Diane
Allford-Trotman
**Director ejecutivo de fotografía,
Scholastic:** Steve Diamond

Originally published in English as
Scholastic Discover More™: Bugs
Copyright © 2013 by Scholastic Inc.
Translation copyright © 2013 by Scholastic Inc.

ISBN 978-0-545-49082-5

10 9 8 7 6 5 4 3 2 1   13 14 15 16 17

Printed in Singapore   46
First Spanish edition, January 2013

Scholastic hace esfuerzos constantes por reducir el
impacto ecológico de nuestros procesos de manufactura.
Para ver nuestras normas para la obtención de papel,
visite www.scholastic.com/paperpolicy.

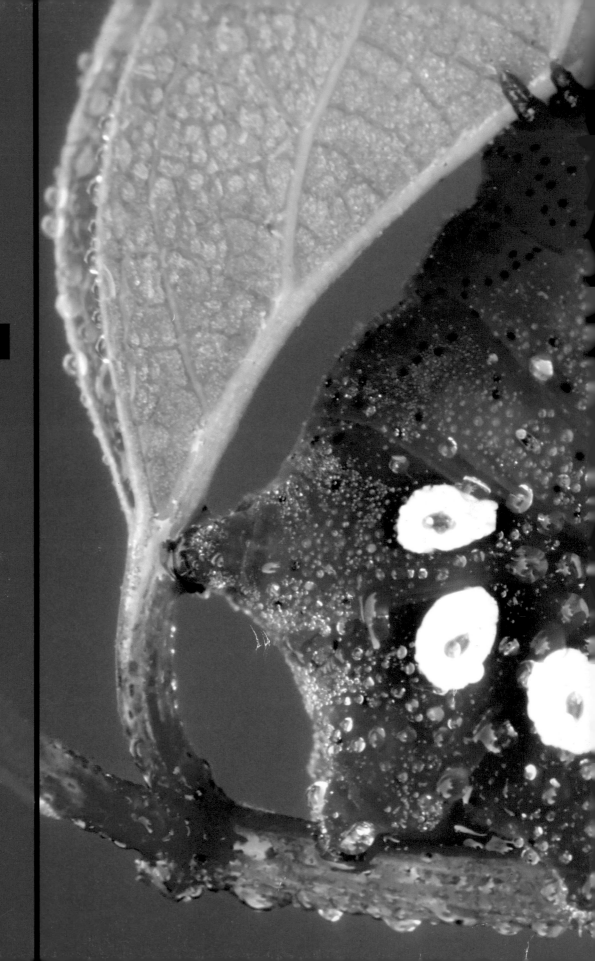

Todo
sobre los artrópodos

Esta oruga Pandora sphinx roja con lunares blancos es una de las 160.000 especies de mariposas nocturnas que hay en la Tierra (ver págs. 37–39).

¿Qué es un artrópodo?

Cava en la tierra o levanta un tronco caído y verás las más pequeñas y extrañas criaturas de nuestro mundo: esos son los artrópodos.

Sin columna vertebral

Tú tienes una columna vertebral, como todos los mamíferos, las aves, los reptiles, los anfibios y los peces. Los artrópodos son invertebrados, es decir, no tienen columna vertebral.

gorgojo

No se sabe cuántos artrópodos hay en la Tierra. ¡Pero

Artrópodos marinos

Muchos invertebrados emparentados con los artrópodos viven en el agua, pero este libro solo trata sobre criaturas que viven en la tierra.

El camarón boxeador listado es un invertebrado marino.

EL **97%** DE LOS ANIMALES DEL MUNDO SON **INVERTEBRADOS.**

Historia de los artrópodos

Los invertebrados han vivido en la Tierra desde hace al menos 500 millones de años... o quizás más. Algunos artrópodos similares a estos gorgojos vivían en la Tierra antes que los dinosaurios.

En lugar de huesos dentro del cuerpo, los gorgojos tienen un caparazón duro por fuera.

 Aprende más
sobre los esqueletos de los artrópodos en las págs. 12–13.

sabemos que hay muchas especies por descubrir!

Grupos de artrópodos

Los artrópodos se dividen en seis grupos según sus características. Por ejemplo, si cuentas las patas de un artrópodo, podrás decir a qué grupo pertenece.

En el grupo de los insectos hay muchas especies, desde escarabajos y abejas hasta moscas y hormigas.

Las arañas son parientes de los escorpiones y las garrapatas.

Los ciempiés tienen muchísimas patas.

Insectos

CANTIDAD DE ESPECIES:
Por lo menos 1 millón
PATAS:
6
ALAS:
Casi todos tienen 2 pares
DIETA:
Algunos comen carne, otros comen plantas y otros comen de todo

Arácnidos

CANTIDAD DE ESPECIES:
Más de 100.000
PATAS:
8
ALAS:
No tienen
DIETA:
La mayoría come otros insectos, pero algunos comen animales pequeños, y hay una araña que solo come plantas

Ciempiés y milpiés

CANTIDAD DE ESPECIES:
Unas 13.000
PATAS:
Hasta 750
ALAS:
No tienen
DIETA:
Los ciempiés comen carne mientras que los milpiés comen plantas

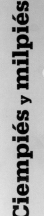

Los artrópodos son muy importantes. Muchos reciclan

Chinches

Solo un tipo de insecto es realmente una chinche (ver la pág. 42), pero a muchas criaturas se las llama popularmente chinches.

(ver la pág. 42)

Los gusanos viven bajo tierra y no tienen ojos.

Muchos caracoles viven en el mar, pero este vive en la tierra.

Aunque las cochinillas viven en la tierra, sus parientes viven en el agua o cerca de ella.

Cochinillas de humedad

CANTIDAD DE ESPECIES:
Unas 3.000
PATAS:
14
ALAS:
No tienen
DIETA:
Hojas muertas y otras plantas en descomposición

Anélidos

CANTIDAD DE ESPECIES:
Unas 3.000
PATAS:
No tienen
ALAS:
No tienen
DIETA:
Plantas y materia en descomposición

Babosas terrestres y caracoles

CANTIDAD DE ESPECIES:
Unas 24.000
PATAS:
No tienen
ALAS:
No tienen
DIETA:
En general, comen plantas, pero algunas especies comen carne

materia muerta y ayudan a que crezcan nuevas plantas.

Esqueletos de los artrópodos

Tú tienes un esqueleto en el interior de tu cuerpo, pero los artrópodos no. La mayoría tiene esqueletos resistentes por fuera del cuerpo.

Un duro caparazón

Los insectos, las abejas, los ciempiés y las cochinillas tienen exoesqueletos o caparazones. La partes blandas están en su interior.

Su duro caparazón protege al artrópodo de golpes.

escarabajo rinoceronte

El exoesqueleto hace que a los depredadores les sea más difícil devorar al insecto.

Coyunturas

Los artrópodos tienen coyunturas flexibles entre las partes de su cuerpo; esto les permite doblarlas para moverse.

mantis religiosa

Aprende más
sobre los escarabajos
en la pág. 43.

*El color marrón
de su caparazón les
permite ocultarse
bajo tierra.*

Crecimiento y muda

1 Muy estrecho

El exoesqueleto no crece,
por eso esta araña debe
mudar el exoesqueleto
que tenía al nacer.

2 Estirarse

La araña estira las patas
y, tras unas horas, su
nuevo exoesqueleto se
endurece.

La caracola

La caracola del caracol no cubre
su cuerpo sino que está sobre él.

*La caracola crece
a medida que
crece el caracol.*

Salón de la fama

Los hay ruidosos, malolientes y muy raros. Conoce a algunos de los campeones del mundo de los artrópodos.

VIDA ADULTA MÁS BREVE
Hay un tipo de efímera que vive ¡solo cinco minutos como adulta!

MÁS CHICA
La avispa parasitaria es del tamaño de este punto.

PEOR PICADA
La picada de la hormiga bala causa un gran dolor ¡que dura 24 horas!

MÁS PATAS
Hay un tipo de milpiés que tiene 750 patas, más que cualquier animal del mundo.

VIAJE MÁS INCREÍBLE
En otoño las mariposas monarca vuelan del norte de Estados Unidos a México para hibernar.

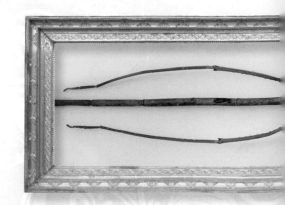

En este libro hallarás otros campeones. Pasa la página

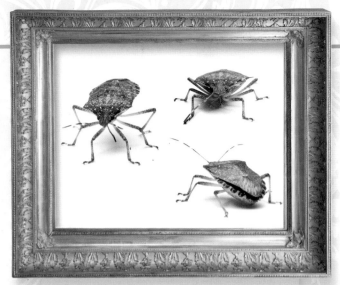

PEOR OLOR
Si la chinche hedionda se siente amenazada, echa un líquido apestoso.

INSECTO MÁS PESADO
La weta gigante pesa casi tanto como un pájaro pequeño.

CUELLO ALARGADO
El gorgojo jirafa tiene un cuello muy largo en relación con su cuerpo.

INSECTO MÁS LARGO
Este insecto palo, de 22 pulgadas (55 cm) de longitud, es más largo que este libro abierto.

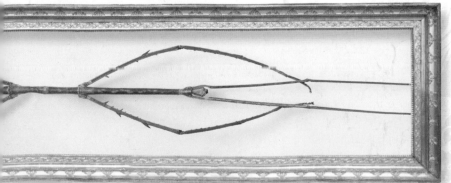

MÁS RUIDOSO
El canto de algunas cigarras es tan ruidoso como una sierra eléctrica.

para conocer al insecto más letal.

insectos

Todo sobre los

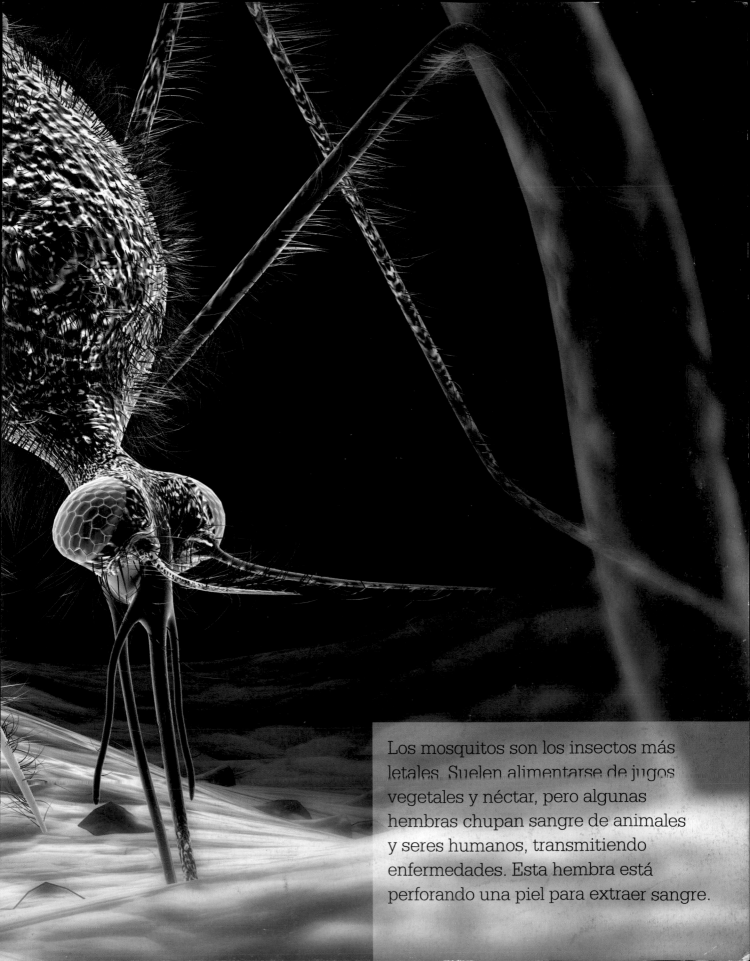

Los mosquitos son los insectos más letales. Suelen alimentarse de jugos vegetales y néctar, pero algunas hembras chupan sangre de animales y seres humanos, transmitiendo enfermedades. Esta hembra está perforando una piel para extraer sangre.

Los insectos

Es fácil ver a un insecto si está inmóvil... ¡pero eso casi nunca sucede! Todos los insectos tienen características comunes que permiten identificarlos.

La cabeza es la primera de las tres partes del cuerpo. Ahí están las antenas, los ojos y las mandíbulas.

Cuenta las patas

Los insectos adultos tienen seis patas. Cuenta bien: si uno tiene menos o más de seis, ¡no es un insecto!

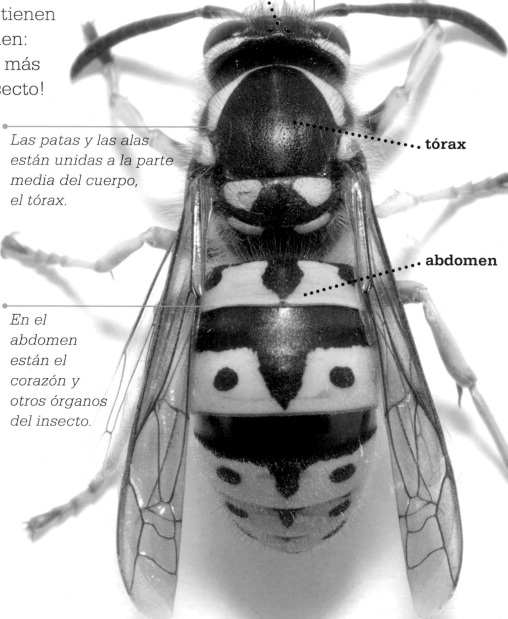

cabeza

tórax

abdomen

Las patas y las alas están unidas a la parte media del cuerpo, el tórax.

En el abdomen están el corazón y otros órganos del insecto.

INSECTOS: DATOS

INCREÍBLE
¡Los grillos oyen por las rodillas!

MÁS FRÍO
El piojo buceador vive en las focas de Weddell que habitan la Antártida.

PEOR VENENO
La hormiga cosechadora tiene el veneno más tóxico.

MEJOR SALTADOR
La pulga del gato puede saltar hasta 100 veces su altura.

Algunas crías de insecto no se parecen a sus padres. En

Especies de insectos

Una especie es un tipo único de ser vivo. Este pastel muestra las diferentes especies de insectos.

En la Tierra hay unas 9.000 especies de hormigas.

libélulas y sus parientes
0,46 %

abejas, avispas y hormigas
16,50 %

todos los demás
16,61 %

grillos y saltamontes
2,08 %

chinches
7,30 %

moscas
12,50 %

mariposas y mariposas nocturnas
13,75 %

escarabajos
30,80 %

En todos los continentes hay moscas, incluso en la Antártida.

Existen al menos 370.000 especies de escarabajos.

la página 32 verás una cría de escarabajo de fuego.

Una colección de insectos

Todos tienen seis patas y el cuerpo dividido en tres partes, pero hay insectos de muchas formas y colores distintos.

saltamontes verde

Cucaracha gigante

mosca verde

mariquita amarilla

chinche roja del lichi

termita subterránea

Cephalotes rohweri

avispón

gusano blanco

cetonia

insecto espina

mariposa tigre

termita alada

hormiga de miel

gorgojo azul de Schoenherr

Pygopleurus vulpes

langosta del desierto

escarabajo de tierra

chinche de las fresas

mosca del olivo

escarabajo de flor de África Oriental

escarabajo pelotero

priocro escarlata

rafidióptero

tijereta común

mosca de las flores

hormiga de fuego

chinche del espino rojo

escarabajo Hércules

Eugnamptus angustatus

avispa esmeralda

hormiga tejedora

hormiga roja

hormiga carpintera

ciervo volante menor

avispa germánica

hormiga podadora

chinche rayada

saltamontes Poekilocerus

tábano

20

chinche
hedionda
verde

Cosmodela
batesi

efemeróptero

polilla de
color azufre

escarabajo
de las flores

carcoma
metálica

Cercopis vulnerata

gorgojo
del
avellano

mantis religiosa

escarabajo
del hongo
polyport

escarabajo Goliath

saltahojas
de banda roja

chinche
arlequín

insecto hoja de
Westwood

Calvia
quatuordecimguttata

mosquito

mariquita
de dos puntos

mosca
doméstica

Scaphidium
quadrimaculatum

Oncometopia
orbona

Argia
fumipennis

abeja
oso de
peluche

sírfido

mariquita
asiática

abejorro

escarabajo
pelotero

Pachyteria
dimidiata

escarabajo
arco iris

cicindela
común

carraleja

grillo
bicolor

saltamontes

libélula verde

insecto hoja

abeja
europea

chinche
acuática
gigante

mariquita
Lema
trilineata

cucaracha
americana

pulga
común

insecto palo

mariposa tigre
cola de
golondrina

Las alas

Los insectos son los únicos artrópodos que tienen alas, aunque no todos las tienen. Volar les permite ir de un sitio a otro y escapar del peligro.

escarabajo

Dos pares

Los insectos voladores tienen dos pares de alas que usan de varias maneras

Vuelo Los insectos usan las alas de cuatro maneras diferentes.

1 El dardo

La crisopa mueve sus dos pares de alas por separado para cambiar de dirección rápidamente.

crisopa

Las venas, o líneas, refuerzan las alas e impiden que el viento las desgarre.

2 Aleteo

Las alas delanteras de la mariposa se unen a las de atrás para moverse uniformemente.

mariposa

3 Dirección

La mosca usa un par de alas para volar. Las otras, llamadas halterios, son para dirigir el vuelo.

mosca

Las hormigas tienen alas al llegar a la edad adulta.

Alas veloces

Las moscas de las flores mueven las alas a gran velocidad. ¡Pueden batirlas 1.000 veces por segundo!

La mariquita alza las alas protectoras al volar.

mariquita

4 Protección

La mariquita vuela con un par de alas. Las otras dos son láminas duras que protegen las alas voladoras cuando no están en uso.

Vuelo veloz

La polilla halcón es uno de los insectos que vuela más rápido. Vuela a 15 mph (24 kph).

Vuelan a un nuevo hogar, y se arrancan las alas.

Los insectos se desplazan muy bien sobre la tierra. La manera en que se mueven depende de lo que les gusta comer, los obstáculos y el peligro.

Un gran corredor

Muchos artrópodos son buenos corredores. Este escarabajo tigre es el más rápido de la Tierra, pues corre a 5,6 mph (9 kph). Sus largas patas y su velocidad le permiten atrapar a otros insectos.

**saltamontes
Chorthippus
curtipennis**

El saltamontes da saltos equivalentes a 20 veces el largo de su cuerpo.

Patas fuertes

Si un saltamontes se siente amenazado, salta impulsado por sus potentes patas traseras, que son más largas y fuertes que las demás.

Saltarín

La pulga tiene resortes en las patas, por eso puede saltar a una altura equivalente a 100 veces su estatura y caer sobre los animales en cuya pelambre vive.

Caminar sobre el agua

La chinche patinadora puede caminar sobre el agua. Estira sus patas y los pelos de estas impiden que se hundan.

Bajo tierra

Cuando la ninfa (cría de la cigarra) sale del huevo, se refugia bajo tierra ¡y vive allí por 17 años!

▶▶▶ **Aprende más**
sobre las orugas en las págs. 34–35.

Poco a poco

Las orugas usan algunos de los 4.000 músculos de su cuerpo (los seres humanos tenemos unos 700 músculos) para deslizarse. Tienen patas cortas con uñas para agarrarse de las hojas.

Esta oruga avanza plegando y estirando su cuerpo.

Algunos saltamontes pueden caminar, saltar y volar.

Es hora de comer

Algunos insectos comen plantas, ¡pero hay insectos que se devoran unos a otros!

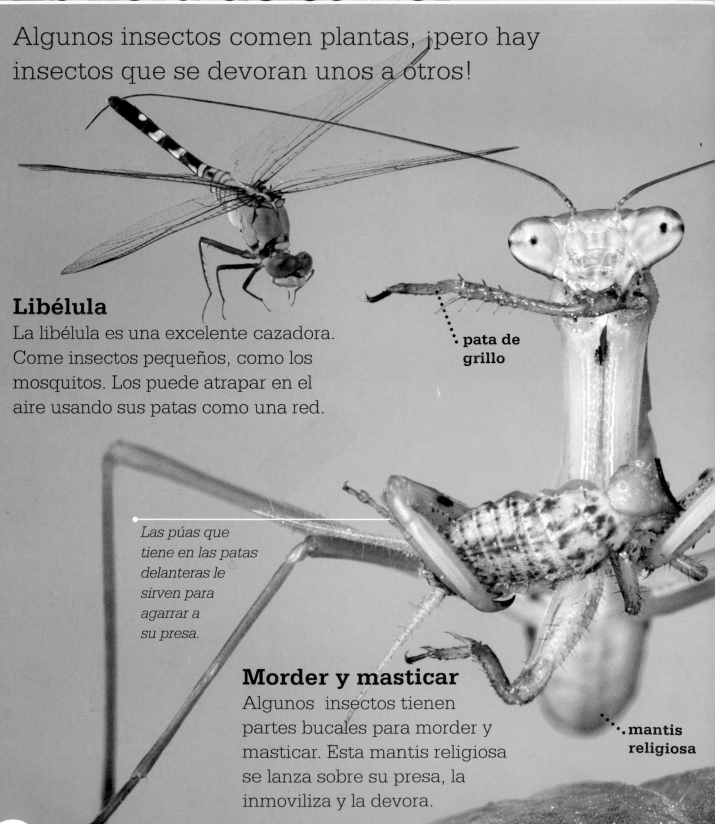

pata de grillo

Libélula

La libélula es una excelente cazadora. Come insectos pequeños, como los mosquitos. Los puede atrapar en el aire usando sus patas como una red.

Las púas que tiene en las patas delanteras le sirven para agarrar a su presa.

Morder y masticar

Algunos insectos tienen partes bucales para morder y masticar. Esta mantis religiosa se lanza sobre su presa, la inmoviliza y la devora.

mantis religiosa

Mosca asesina

La mosca asesina le inyecta saliva y veneno a su presa, convirtiendo el interior de su cuerpo en líquido que luego chupa.

Herbívoros

Un 5 por ciento de las plantas de la Tierra es devorado por insectos, como estas larvas de mosca de sierra.

En la casa

La larva de la polilla come telas como la lana y el algodón. ¡Les encanta abrir agujeros en los suéteres de lana!

La mariposa enrolla su probóscide cuando no la está usando.

La mantis religiosa se puede quedar inmóvil por horas en espera de que su presa se acerque.

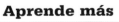

Aprende más sobre las mariposas en las págs. 34–36.

La probóscide

Muchos insectos tienen partes bucales para picar y chupar. Esta mariposa tiene una larga trompa, o probóscide, con la que chupa el néctar de las flores.

Los insectos tienen muchos depredadores. Estos pueden ser animales, otros insectos y plantas que comen insectos. Algunos tienen características que les ayudan a evitar ser devorados.

¿Qué es eso?

Caca de ave

Esta oruga parece la caca de un ave. ¡Así nadie querrá comérsela!

Disfraz

Disfrazarse es una buena manera de evitar ser devorado. Algunas mantis parecen orquídeas. Ese camuflaje les permite ocultarse de sus depredadores.

Esta mantis orquídea es blanca, como la orquídea que está a su lado. Algunas son rosadas, para confundirse con las orquídeas rosadas.

28

Pasa la página para ver como un insecto usa su color y

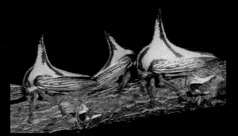

Espinas

Cuando los insectos espina están sobre una rama, parecen espinas.

Ojos de miedo

La machaca abre sus alas para mostrar dos "ojos" falsos que asustan a sus depredadores.

Palo

Los insectos palo parecen ramitas. Los depredadores solo los pueden reconocer si se mueven.

insecto palo ·.·˙˙

Esta oruga de gusano de pollo muestra su cabeza roja con ojos falsos para indicar a los depredadores que tiene mal sabor.

Veneno

Algunos insectos saben mal, son venenosos o tienen colores llamativos para que sus depredadores no se los coman.

sus manchas para camuflarse.

¿Me puedes ver?

Los colores y las manchas del longicornis le permiten

Ocultos

A primera vista, parece que lo único que hay en esta página es musgo. Pero si observas con atención verás un saltamontes longicornis, que vive en la selva tropical de Costa Rica, en América Central.

camuflarse, haciéndolo casi invisible para sus depredadores.

Huevos increíbles

Los insectos son muy buenos cuando se trata de producir otros insectos. La mayoría pone huevos, MUCHOS huevos.

larva de escarabajo cardenal

La puesta

Ponen los huevos en muchos sitios diferentes.

En el agua

Los mosquitos ponen sus huevos en el agua, y allí viven las crías hasta que llegan a adultos.

En grupo

Muchas mariposas ponen sus huevos en las hojas. La mariposa de la col puede poner 150 huevos.

Casa móvil

La chinche de agua gigante lleva los huevos sobre su espalda hasta que nacen las crías.

¿Cuántos huevos?

Los insectos pueden poner de 1 a 2.000 huevos en un día (en la pág. 47 sabrás cuál pone 2.000). La crisopa puede poner hasta 200 huevos en un período de unas cuatro semanas.

La crisopa pone cada huevo en un tallo fino como un pelo.

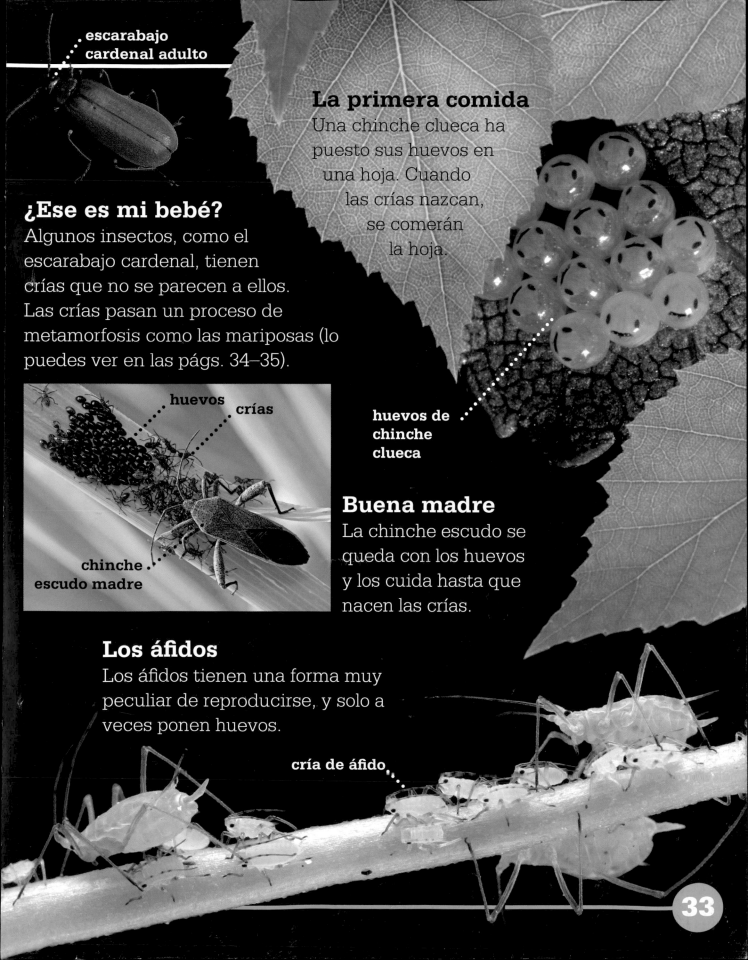

escarabajo
cardenal adulto

La primera comida
Una chinche clueca ha puesto sus huevos en una hoja. Cuando las crías nazcan, se comerán la hoja.

¿Ese es mi bebé?
Algunos insectos, como el escarabajo cardenal, tienen crías que no se parecen a ellos. Las crías pasan un proceso de metamorfosis como las mariposas (lo puedes ver en las págs. 34–35).

huevos

crías

huevos de
chinche
clueca

chinche
escudo madre

Buena madre
La chinche escudo se queda con los huevos y los cuida hasta que nacen las crías.

Los áfidos
Los áfidos tienen una forma muy peculiar de reproducirse, y solo a veces ponen huevos.

cría de áfido

La metamorfosis

1 Huevo

La mariposa papilio comienza su vida en un huevo. La hembra pone el huevo en una hoja. Tras 8 o 10 días, el huevo se rompe.

2 Nacimiento

Una oruga diminuta sale del huevo y se come el cascarón. Después comienza a comerse la hoja donde está y empieza a crecer.

5 Pupa

La oruga muda la piel una vez más y se convierte en una pupa. Dentro de su crisálida, o capa protectora, ocurre un cambio espectacular.

6 Sale la mariposa

Tras un período de 2 a 24 semanas (según la estación del año), la crisálida comienza a abrirse y sale la mariposa con las alas enrolladas.

El proceso completo mediante el cual la oruga se

3 Muda de la piel

La oruga come y come, y crece y crece. Tiene que mudar, o cambiar, su piel varias veces cuando ya no cabe en ella.

4 Sujetarse

A las 6 o 7 semanas, la oruga busca un lugar seguro. Se sujeta a una planta con una hebra de seda que produce su cuerpo.

7 Secado de las alas

La mariposa pasa varias horas estirando las alas y esperando a que se sequen y se fortalezcan para poder emprender el vuelo.

8 ¡A volar!

La mariposa adulta ya está lista para volar. Busca una pareja y comienza el ciclo de nuevo, poniendo un huevo sobre una hoja.

convierte en mariposa se llama metamorfosis.

¿Mariposa o polilla?

¿Puedes distinguir a una mariposa de una polilla (o mariposa nocturna)?

Las mariposas suelen alimentarse y volar de día.

Ornithoptera priamus

Bellos colores

Las mariposas tienen colores llamativos, por lo que es fácil identificarlas. Pasa la página para ver si reconoces a alguna.

¡Es una mariposa!

Estos detalles permiten identificar a las mariposas.

Cuando se posa, la mariposa alza las alas.

Su cuerpo es más delgado que el de las polillas.

La mariposa tiene antenas finas con puntas abultadas.

Las alas están formadas por diminutas escamas.

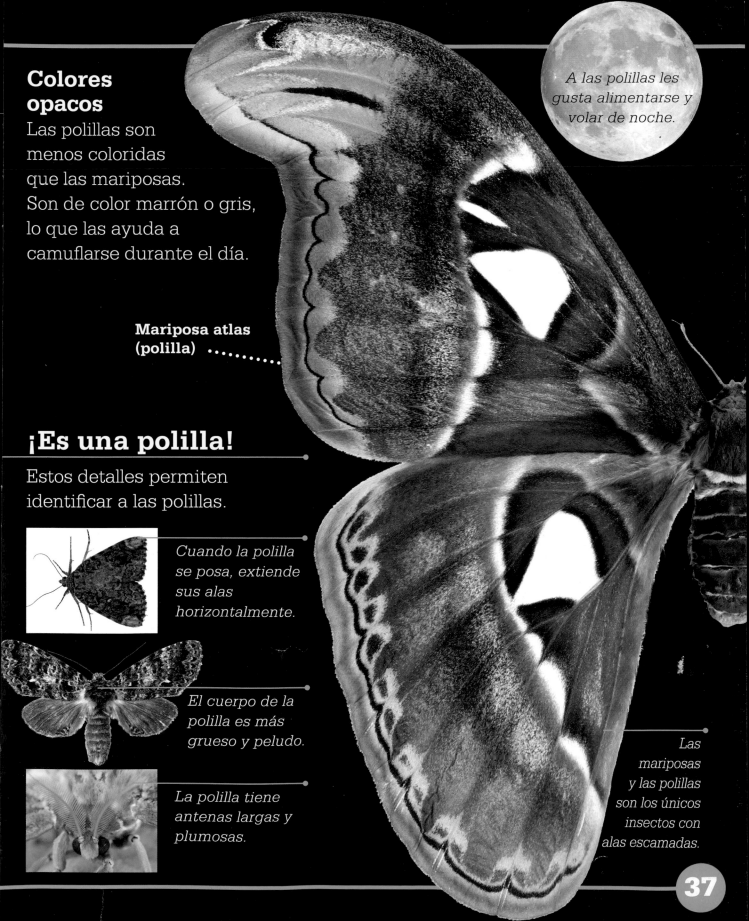

Colores opacos

Las polillas son menos coloridas que las mariposas. Son de color marrón o gris, lo que las ayuda a camuflarse durante el día.

A las polillas les gusta alimentarse y volar de noche.

Mariposa atlas (polilla) ···········

¡Es una polilla!

Estos detalles permiten identificar a las polillas.

Cuando la polilla se posa, extiende sus alas horizontalmente.

El cuerpo de la polilla es más grueso y peludo.

La polilla tiene antenas largas y plumosas.

Las mariposas y las polillas son los únicos insectos con alas escamadas.

Mariposas y polillas

Estas criaturas de bellos colores y alas delicadas están entre las más bellas de la Tierra.

mariposa urraca

Kallima paralekta

Junonia hierta

Zygaena exulans

Lymantria dispar

Heliconius Laparus

Parthenos sylvia

almirante rojo

morfo gigante

Oenochroma vinaria

mariposa cometa

esfinge morada

mariposa alas de pájaro

mariposa atigrada

mariposa cola de golondrina

mariposa sevenia

mariposa picaflor

Euphaedra ruspina

Euchlaena amoenaria

morfo azul

mariposa asterope

Heliconius cydno

polilla imperial

Anisozyga pieroides

erota de Vindula

mariposa pavorreal

polilla de la menta

Eurema smilax

Amata nigriceps

Colias croceus

mariposa lechuza

Hypolimnas misippus

Ornithoptera croesus

Polyommatus icarus

Hypolimnas misippus

esfinge del tilo

Graphium weiskei

Hamadryas arete

mariposa de puntas naranjas

mariposa luna

38

Charaxes bernardus

Graphium agamemnon

doncella de la centaurea

Urania leilus

Automeris io

mariposa isabelina

mariposa monarca

Rhetus dysoni

mariposa ochenta y ocho

mariposa ortiguera

mariposa rosada del arce

mariposa morpho helena

mariposa cebra

esfinge de la adelfa

mariposa atlas

polilla tigre

mariposa alas de pájaro Reina Alejandra

emperador púrpura

Papilio memnón agenor

polilla crepuscular

Ornithoptera paradisea

Eublemma purpurina

marpesia marcella

mariposa alas de cebra

mariposa de Cleopatra

mormón escarlata

polilla geométrida de Australia

polilla cecropia

Junonia Orithya

mariposa Charaxes africana

39

Las moscas

Las moscas están en todas partes, incluso en la Antártida. Son como diminutos robots, con sentidos agudísimos y una gran destreza para el vuelo.

Sus ojos son INMENSOS. La mosca ve el movimiento y la luz mucho mejor que un ser humano, y ve en todas las direcciones.

La mosca usa sus gruesas antenas para oler. Puede oler un animal muerto a varias millas.

La probóscide, o boca, es como una esponja. La mosca la extiende y vomita a través de ella sobre su comida para convertirla en un líquido que pueda absorber.

¿Por qué zumban?

La mosca doméstica bate sus alas 200 veces por segundo. Ese movimiento tan rápido produce un zumbido agudo.

¡Las moscas prueban la comida con las patas! Tan pronto se posan sobre algo saben si es bueno para comer.

La mosca doméstica no pica, pero puede contaminar la

Tiene pelos muy sensibles
con los que siente si algo se
mueve a su alrededor como,
por ejemplo, ¡un matamoscas!

Mueve sus alas
tan rápido que
puede salir
volando
verticalmente
hacia arriba.

La rapidez con
que bate sus alas
permite a la
mosca cambiar
de dirección a
gran velocidad.

Los pelos de las patas forman
una superficie pegajosa que
le permite caminar por las
paredes y el techo.

comida con gérmenes.

Chinches y escarabajos

Las chinches, sus parientes y los escarabajos son similares. En estas páginas encontrarás muchos de ellos.

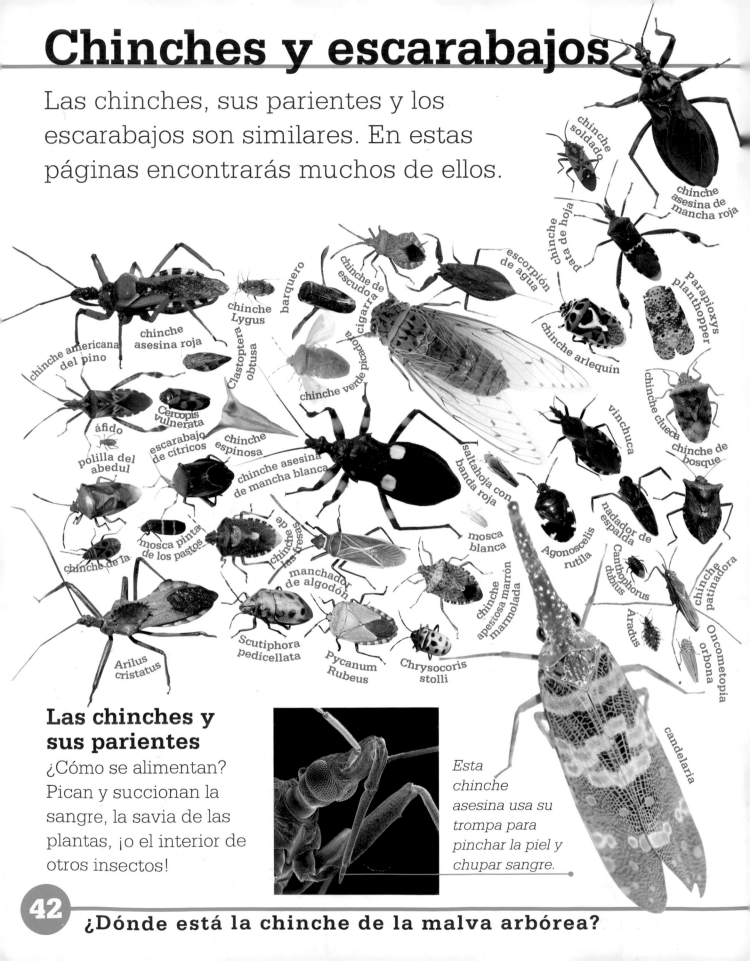

chinche soldado

chinche asesina de mancha roja

chinche pata de hoja

escorpión de agua

chinche arlequín

Parapioxys planthopper

chinche clueca

chinche de bosque

vinchuca

chinche de escudo

barquero

chinche Lygus

chinche asesina roja

chinche americana del pino

Clastoptera obtusa

chinche verde picada

cigarra

chinche de las fresas

Cercopis vulnerata

áfido

polilla del abedul

escarabajo de cítricos

chinche espinosa

chinche asesina de mancha blanca

saltahoja con banda roja

mosca blanca

nadador de espalda

Agonoscelis rutila

Canthophorus dubius

chinche patinadora

Aradus

Oncometopia orbona

chinche de la

mosca pinta de los pastos

manchador de algodón

Scutiphora pedicellata

Pycanum Rubeus

Chrysocoris stolli

chinche apestosa marrón marmolada

Arilus cristatus

candelaria

Las chinches y sus parientes

¿Cómo se alimentan? Pican y succionan la sangre, la savia de las plantas, ¡o el interior de otros insectos!

Esta chinche asesina usa su trompa para pinchar la piel y chupar sangre.

¿Dónde está la chinche de la malva arbórea?

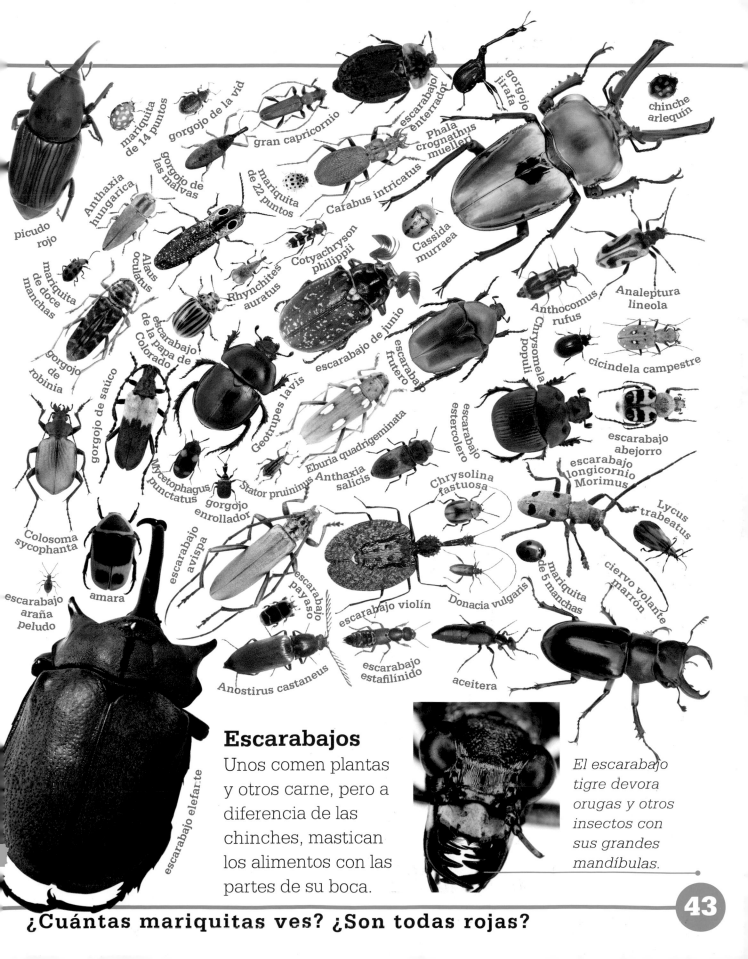

picudo rojo

mariquita de 14 puntos

gorgojo de la vid

gran capricornio

escarabajo enterrador

gorgojo jirafa

chinche arlequín

Anthaxia hungarica

gorgojo de las malvas

mariquita de 22 puntos

Phala crognathus muelleri

Carabus intricatus

mariquita de doce manchas

Alaus oculatus

Rhynchites auratus

Cotyachryson philippii

Cassida murraea

Anthocomus rufus

Analeptura lineola

gorgojo de robinia

escarabajo de la papa de Colorado

escarabajo de junio

escarabajo frutero

Chrysomela populi

cicindela campestre

gorgojo de saúco

Geotrupes lavis

escarabajo estercolero

escarabajo abejorro

Colosoma sycophanta

Mycetophagus punctatus

Stator pruinus

gorgojo enrollador

Eburia quadrigeminata

Anthaxia salicis

Chrysolina fastuosa

escarabajo longicornio Morimus

Lycus trabeatus

escarabajo araña peludo

amara

escarabajo avispa

escarabajo payaso

escarabajo violín

Donacia vulgaris

mariquita de 5 manchas

ciervo volante marrón

Anostirus castaneus

escarabajo estafilínido

aceitera

escarabajo elefarte

Escarabajos

Unos comen plantas y otros carne, pero a diferencia de las chinches, mastican los alimentos con las partes de su boca.

El escarabajo tigre devora orugas y otros insectos con sus grandes mandíbulas.

43

¿Cuántas mariquitas ves? ¿Son todas rojas?

¡BOÑIGA A LA VISTA!
Escarabajo salva a Australia

¡Demasiada caca!

Hace 250 años, en Australia no había vacas. Cuando los europeos llegaron, llevaron vacas. Hoy en día hay unos 20 millones de vacas. Cada vaca produce boñigos húmedos y de mal olor unas 12 veces al día. En general, los escarabajos peloteros son excelentes para eliminar la boñiga, pero los de Australia estaban acostumbrados a comer la boñiga seca de animales australianos, como los canguros, y no consumían la boñiga húmeda de las vacas. Por eso, durante siglos, las vacas arruinaron grandes praderas con su boñiga maloliente.

Australia

La boñiga de canguro es más sólida que la de la vaca.

Los escarabajos peloteros de Australia limpiaban la boñiga de canguro.

A los escarabajos peloteros de Australia no les gusta la boñiga húmeda de vaca.

Unos 500.000 acres *(200.000 ha)* de pastos quedan arruinados por la boñiga de las vacas.

Si no se elimina la boñiga de vaca, esta atrae moscas. Un boñigo puede atraer hasta 250 moscas de los búfalos

La larva de la mosca de la carne también come boñiga.

al día. Si se multiplica por todos los boñigos, vemos que pueden atraer ¡60 mil millones de moscas CADA DÍA!

Los escarabajos hacen una pelota con la boñiga y la hacen rodar hasta su cueva.

Para resolver el problema de la boñiga y las moscas en Australia, entre 1969 y 1984 se llevaron 50 especies de escarabajos peloteros de Europa y África, de los que sí comen boñiga húmeda y la usan para poner sus huevos. Estos escarabajos hacen pelotas con la boñiga y la llevan a sus cuevas. Al hacerlo, afectan las áreas de reproducción de 26 especies de moscas de los búfalos. Finalmente, 26 especies de escarabajos peloteros limpiaron el continente de Australia. Fueron realmente unos insectos heroicos.

Los comejenes

Los comejenes son los costructores del mundo de los insectos. Viven en grandes colonias y construyen enormes termiteros.

Los comejenes soldados son más grandes que los obreros.

Termiteros

Hacen los termiteros donde viven con lodo y con su propia caca. Los termiteros son sólidos y pueden ser más altos que una persona.

Los obreros

En una colonia viven el rey, la reina, los soldados y los obreros. Estos últimos construyen el termitero, buscan la comida y cuidan a la reina y a los huevos.

obrero

Los soldados y los obreros son ciegos. Los comejenes se

La reina

La reina es inmensa. Vive con un rey, que es un poco más pequeño, y pone los huevos. ¡Algunas reinas ponen 2.000 huevos al día!

hormiga

comején : soldado

Los soldados

Los soldados cuidan el termitero. Su tarea es impedir que entren las hormigas, para lo que usan sus poderosas mandíbulas.

Herbívoros

Los comejenes recolectan madera y plantas que dejan podrir en el termitero. Se comen las plantas podridas y con ellas alimentan también a sus crías.

Las avispas

Si oyes un zumbido en verano, debe ser que hay avispas cerca. ¡Cuidado con su picada!

avispa común

antena

Avispas
Muchas avispas son sociales, es decir, viven en grandes grupos. Se ayudan para cuidar a sus crías.

Solitarias
Algunas especies viven solas. Las llaman avispas solitarias.

Huevos
Algunas solitarias ponen sus huevos sobre el lomo de una oruga.

Crías
Cuando las crías nacen, ¡se comen a la oruga!

avispero

Avispa de papel

La avispa de papel reina hace un nido que parece de papel hecho de corteza mascada y saliva. Pone pocos huevos. Cuando las crías crecen, continúan construyendo el avispero.

Ponen los huevos en las celdas. Allí nace la larva, que se convierte en pupa (ver la pág. 34) y luego en adulto.

ojo

Un avispón asiático gigante se come a una abeja.

Aguijones

Las avispas tienen aguijones para defenderse o matar a su presa. Se sabe de casos de personas que han muerto por picadas de avispón gigante asiático.

Las hormigas

Las hormigas viven en grandes colonias que pueden tener hasta 8 millones de hormigas.

Cortar hojas

Las hormigas cortadoras de hojas recolectan hojas que llevan a sus cuevas y que utilizan para cultivar un hongo del que se alimentan.

Diferentes tareas

Cada hormiga tiene un trabajo específico en la colonia. Esta cortadora de hojas tiene unas mandíbulas inmensas para cortar las hojas en pedazos.

Las obreras caminan en largas filas llevando pedazos de hojas.

Las cuevas de las cortadoras de hojas tienen salas y

Más hormigas   Algunas especies tienen destrezas increíbles.

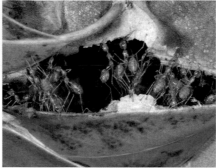

Legionarias

Las legionarias atraviesan la selva en colonias de millones de hormigas. Comen insectos y a veces cazan mamíferos chicos, picándolos todas juntas para matarlos.

Tejedoras

Las tejedoras hacen nidos de hojas. Usan la seda que hacen sus crías para "coser" las hojas del nido.

Rojas

Viven en hormigueros en forma de montículos. Echan ácido sobre cualquiera que las ataque, incluso los seres humanos.

Llevar la carga

Una obrera lleva un pedazo de hoja. La carga puede ser hasta 20 veces más pesada que su cuerpo. ¡Es como si tú cargaras un auto pequeño!

hormiga
cortadora
de hojas

túneles que pueden llegar a 16 pies (5 m) bajo tierra.

Las hormigas mieleras

Para tener una reserva de comida y bebida, las hormigas mieleras del desierto almacenan néctar en los cuerpos de algunos miembros de la colonia a las que se les llama repleta

Algunos animales atacan cuevas de hormigas para comerse a las

Comedores vivientes

Las obreras recolectan el néctar de las flores y se lo dan a las repletas, cuyas panzas se inflan hasta ser inmensas. Si a las otras hormigas se les acaba la comida, las repletas vomitan el néctar para alimentar a la colonia.

Las repletas cuelgan del techo de la cueva hasta que se necesita su contenido.

hormigas mieleras. En Australia, ¡hasta las personas las comen!

La vida de una abeja

Una nueva colmena

Las abejas viven en grandes colonias formadas por abejas obreras y una abeja reina. La reina toma un grupo de obreras y hace un nuevo panal.

El panal

Las abejas obreras hacen un panal con la cera que produce su cuerpo. Lo hacen con muchas celdas hexagonales (de seis lados).

La danza de las abejas

En primavera, las abejas adultas recolectan polen y néctar de las flores. Las obreras hacen una danza para mostrar las mejores flores.

Recolección del polen

Las abejas adultas recolectan polen para alimentar a las larvas y para ellas mismas. Lo llevan en bolsas pequeñas que tienen en las patas traseras.

Las personas han usado la cera de los panales de abeja

Poner huevos

Solo la abeja reina pone huevos. Pone un huevo en cada celda. Cuando nace la larva, las obreras la alimentan.

Abeja obrera

La larva se hace pupa (pág. 34) y luego una abeja adulta sale de la celda. La joven abeja ayuda a reparar el nido y lo defiende picando a los depredadores.

Hacer la miel

Las abejas llevan néctar al panal en su estómago. El néctar se convierte en miel y se almacena en las celdas que estén vacías.

La deliciosa miel

Las abejas se alimentan de la miel durante el invierno. En todo el mundo hay personas que crían abejas para comer su miel.

por miles de años. Aun hoy se usa para hacer velas.

Otros **artrópodos**

Las arañas son fieras cazadoras. En esta foto, tomada con un microscopio electrónico, una araña de jardín paraliza a una mosca inyectándole veneno a través de sus dientes.

Una colección de artrópodos

Algunos tienen muchas patas, otros no tienen. Pero ninguno tiene seis patas porque no son insectos.

araña de los prados

araña cruz de San Andrés

araña de tierra

Polydesmus angustus

araña de jardín europea

araña de seda de oro

araña cangrejo

ácaro de terciopelo

garrapata común

araña mariquita

ácaro varroa

garrapata de perro

araña de patas largas

araña del armario

araña acuática

babosa bermeja

Harpaphe haydeniana

vinagrillo

araña saltadora

garrapata de los ciervos de bolsa

pseudoscorpión

babosa común

lombriz de tierra común

oxiuro

ciempiés doméstico

milpiés Arthrosphaera

arañas panaderas

babosa roja

escorpión emperador

caracol gigante africano

araña verde común

escorpión látigo de Tanzania

babosa leopardo

caracol común de jardín

Apheloria tigana

lombriz gigante azul

arañas saltarinas

Steatoda bipunctata

ciempiés tigre

araña de tela de embudo

Narceus gordonus

tarántula mexicana de patas rojas

araña lince verde

caracol de labio blanco

escorpión de corteza

Tetragnatha extensa

araña avispa

tarántula babuina naranja

araña cangrejo

araña reclusa parda

araña cangrejo Tibellus

babosa fantasma

Helicophanta de Madagascar

Leucauge venusta

tres tipos de cochinillas de humedad

caracol moro

Synaema globosum

araña camello (solífugo)

tarántula gigante

Argiope trifasciata

babosa banana

araña de espalda roja

Tegenaria parietina

viuda negra

ciempiés gigante

milpiés gigante americano

gusano gigante de Kinabalu

Triboniophorus graeffei

Cochlodina laminata

araña lobo

59

pertenecen estos artrópodos.

Los arácnidos

Las arañas, los escorpiones, las garrapatas y los ácaros son parientes. Pertenecen al grupo de los arácnidos.

araña
de jardín
europea

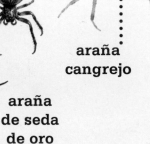

araña
cangrejo

araña
cangrejo

araña
de seda
de oro

araña
verde

araña
avispa

viuda
negra

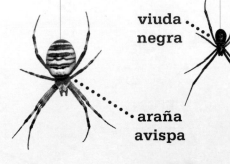

tarántula
mexicana de
patas rojas

ARÁCNIDOS: DATOS

MÁS LETAL

Una picada de una araña errante brasileña puede matar a una persona.

MÁS GRANDE

La tarántula gigante es del tamaño de un plato llano.

TELARAÑA MÁS GRANDE

La araña labradora de Darwin teje telarañas de hasta 80 pies (24 m) de ancho.

Algunos insectos parecen arañas, así que cuenta con

Otros arácnidos
Algunos parientes de las arañas.

Escorpión
El escorpión tiene pinzas inmensas y un aguijón en el extremo de la cola.

Escorpión látigo
Este escorpión sin cola atrapa a sus presas con sus largas patas delanteras.

Ácaro
El ácaro de terciopelo rojo es tan pequeño que es difícil verlo en el suelo.

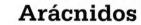

Arácnidos
Todos los arácnidos tienen ocho patas y el cuerpo dividido en dos partes: la cabeza y el tórax unidos, y el abdomen.

Carnívoros
Como los arácnidos son carnívoros, deben cazar sus presas para comer. Son excelentes cazadores.

cuidado: si tiene ocho patas, se trata de un arácnido.

Las arañas

Las arañas son carnívoras y están entre los mejores cazadores del mundo de los artrópodos. Son el peor enemigo de las moscas.

Telarañas

Todas las arañas producen seda. Algunas la usan para tejer redes. Cuando un insecto choca contra una red, queda atrapado.

Las arañas tejedo orbitelas usan su red para atrapar a sus presas. La mayoría hace una red nueva cada d...

¡Esta araña saltarina tiene ocho ojos! Y los usa todos para buscar a sus presas.

Veneno

Las arañas se comen a muchos otros artrópodos. No tienen dientes, pero tienen colmillos afilados llenos de veneno con el que matan a sus presas.

mosca

La araña saltarina no usa su red para atrapar a las presas. Puede saltar y atacarlas.

Aprende más sobre las moscas en las págs. 40–41.

La araña lobo carga sus huevos en una bolsa.

Seda   Las arañas usan su seda para muchas cosas.

Trampa de seda
Esta araña hace una seda pegajosa para atrapar a sus presas.

Red
Esta araña hace una pequeña red que luego lanza sobre su presa.

Bolsa para huevos
Esta araña envuelve sus huevos en una sedosa bolsa para protegerlos.

La araña tejedora orbitela puede hacer una red en una hora.

¿Ciempiés o milpiés?

Es fácil identificar a los ciempiés y a los milpiés porque ambos tienen muchas patas. Pero, ¿cómo diferenciamos a unos de otros?

milpiés gigante

ciempiés gigante

El ciempiés

Los ciempiés tienen menos patas que los milpiés: tienen dos patas en cada segmento del cuerpo. Son carnívoros agresivos y corredores veloces.

milpiés gigante africano

CIEMPIÉS Y MILPIÉS: DATOS

CIEMPIÉS MÁS GRANDE

El ciempiés gigante es el mayor de todos: mide más de 1 pie (30 cm) de longitud.

MILPIÉS MÁS LARGO

El milpiés gigante más largo que existe mide 10 pulgadas (25 cm).

DATO CURIOSO

Hace 300 millones de años existían ciempiés de 3 pies (1 m) de largo.

El milpiés

Los milpiés tienen dos pares de patas en cada segmento del cuerpo y se mueven lentamente. Son herbívoros.

El milpiés devora plantas mientras avanza.

Las cochinillas viven en todas partes, excepto en los polos y

Las cochinillas de humedad

Las cochinillas de humedad son los únicos crustáceos que viven en la tierra, a diferencia de los otros que viven en el agua o cerca de ella.

¡A rodar!

Si se sienten amenazadas, algunas cochinillas enrollan el cuerpo como una pelota.

Las cochinillas son parientes de las langostas y los cangrejos.

Las cochinillas tienen 14 patas.

Una casa húmeda

Voltea un tronco caído y verás cochinillas de humedad. Se alimentan de materia orgánica muerta, como plantas y otros artrópodos.

COCHINILLAS DE HUMEDAD: DATOS

HUEVOS

Las cochinillas nacen en el agua. La madre tiene un bolso en el abdomen lleno de líquido. Las crías rompen el cascarón y absorben la humedad antes de salir de la bolsa.

COCHINILLA MÁS GRANDE

Algunas cochinillas miden más de 1 pulgada (3 cm) de largo.

cochinilla de humedad

los desiertos.

Las lombrices de tierra

Las lombrices son pequeñas y viven bajo tierra, pero son muy importantes porque mantienen los suelos saludables.

Bajo tierra

Las lombrices no tienen patas, alas, ni ojos, pero perciben la luz y el calor. Si se acercan a la superficie, saben que deben ir bajo tierra de nuevo.

La parte abultada de la lombriz se llama clitelo, y está cerca de la cabeza.

lombriz de tierra

¡Mira, una lombriz!

Las lombrices tienen pequeñas cerdas, como vellos, por todo el cuerpo. Cuando un ave trata de sacar a una lombriz de la tierra, esta se aferra al suelo con sus cerdas. A veces gana la lombriz, a veces, el ave.

El suelo está lleno de lombrices. Si escarbas una cancha

Suelo saludable Las lombrices son importantes para los suelos.

Ayudan

Comen plantas muertas que convierten en tierra fértil al excretarlas.

Protegen

Al moverse hacen túneles de aire que ayudan a oxigenar el suelo.

Compost

Algunas personas tienen lombrices que alimentan con sobras vegetales para abonar el suelo.

LOMBRIZ: DATOS

LOMBRIZ MÁS LARGA

La lombriz gigante de Australia crece hasta 6,5 pies (2 m) de largo.

MUCHO CORAZÓN

La lombriz tiene color rosado porque sus vasos sanguíneos están a flor de piel. La sangre es bombeada por cinco vasos sanguíneos que son como corazones.

de fútbol, podrías hallar más de un millón de lombrices.

Las babosas y los caracoles

Las babosas y los caracoles son blandos al tacto y muy lentos. Los caracoles tienen una concha dura en la espalda, las babosas no.

Concha

La cría de caracol produce un líquido que se endurece y forma la concha. La concha crece y se enrolla alrededor del caracol.

La concha de la mayoría de los caracoles crece en el sentido de las manecillas del reloj.

concha

pie

Las babosas y los caracoles tienen lenguas armadas de pequeños dientes con los q arrancan alimento de las pl.

antena

CARACOLES: DATOS

MÁS GRANDE
El caracol gigante africano puede cubrir la mano de un ser humano adulto.

MÁS RICO
El caracol de Borgoña es un caracol de tierra que se come en toda Europa, sobre todo en Francia.

LENTO, LENTO
Cruzar un campo de fútbol le toma a un caracol común un día y una noche.

Las babosas y los caracoles producen una baba que

Huevos de caracol

Algunos caracoles ponen y entierran hasta 100 huevos a la vez. Cuando las crías nacen, se comen los cascarones y salen a la superficie.

Las antenas largas tienen un ojo en el extremo.

Las antenas cortas son para palpar y oler.

Aprende más sobre cómo otros artrópodos evitan el peligro en las págs. 28–31.

Orificio respiratorio

Las babosas y los caracoles no respiran por la boca. Aspiran el aire por un pequeño orificio en la parte lateral del cuerpo.

babosa

orificio respiratorio

¡Cuidado!

Si el caracol se siente amenazado, se mete en su concha y se queda inmóvil.

protege su pie al moverse. Por eso dejan un rastro al pasar.

Las plagas

Hay muchos artrópodos útiles, pero algunos pueden ser muy dañinos. Aquí verás a algunos que causan molestias o terribles plagas.

El mosquito mortal

Las hembras del mosquito chupan sangre humana, dejando ronchas y escozor en la piel. Algunas especies pueden trasmitir una enfermedad mortal llamada malaria, que mata a más de un millón de personas cada año.

Los piojos pueden pasar de una persona a otra.

El mosquito se considera el animal más letal del mundo, ya que la malaria mata a un gran número de personas.

mosquito

Las langostas son muy perjudiciales para los cultivos.

La plaga de las langostas

De vez en cuando en África, Asia y Australia, sobre todo si el clima cambia de repente, el cielo se oscurece. Millones de langostas se acercan volando y aterrizan para devorar inmensas cantidades de alimentos.

langosta del desierto

Los piojos

La primera señal de los piojos es el escozor que siente la persona en la cabeza. Los piojos ponen huevos, llamados liendres, en el cabello humano, y cuando estos nacen chupan sangre del cuero cabelludo.

piojo

escarabajo de la papa

El escarabajo de la papa

Este escarabajo se come las plantas de papa. Es una plaga en Estados Unidos, pues arruina cultivos enteros de papa.

cabello humano

Los héroes

Si los seres humanos abandonaran la Tierra, la vida seguiría igual. Pero si se fueran los artrópodos, el planeta sería muy distinto. Dependemos de ellos más de lo que te imaginas.

Alimento
Muchos animales se alimentan de artrópodos, ¡y nosotros también! El 80 por ciento de la población mundial come insectos.

áfido

mariquita

Control de plagas
Los áfidos comen plantas que los humanos también comemos, por eso los granjeros sueltan mariquitas en sus áreas de cultivo. Las mariquitas se comen a los áfidos y así queda más comida para nosotros.

Los granjeros usan sustancias químicas llamadas pesticidas para eliminar a las plagas. Pero los pesticidas también matan a insectos útiles. ¡Por eso es mucho mejor usar mariquitas!

Servicio de limpieza

mosca ·····

Muchos artrópodos ayudan a limpiar la Tierra. Si ellos no descompusieran la materia muerta, habría un montón de carne podrida en el mundo.

Moscas

Las moscas a veces ponen huevos sobre animales muertos. Las crías se comen la carne al nacer.

Milpiés

Los milpiés comen hojas podridas. Luego excretan los nutrientes en el suelo.

Ciervos volantes

La larva del ciervo volante se come la madera de árboles muertos, y así crecen nuevos árboles.

Abejas polinizadoras

Las abejas son importantes porque al recolectar el néctar llevan el polen de flor en flor. Esto permite a las flores producir semillas.

El veneno que esta abeja tiene en su aguijón sirve para hacer medicina.

Entrevista con un

Nombre: Dr. George McGavin
Profesión: Entomólogo
(experto en insectos),
explorador y presentador de TV

P **¿Cuándo comenzó su interés por los artrópodos?**

R De niño me encantaban los animales; luego me di cuenta de que mi casa estaba llena de animalillos. Para verlos no hay que viajar: están en todas partes.

P **¿Cómo se hizo entomólogo?**

R Estudié zoología [animales] en la Universidad de Edimburgo y en el Museo de Historia Natural de Londres [Reino Unido].

·····**mariposa de la montaña azul**

P **¿En qué consiste su trabajo? ¿Es divertido?**

R Viajo a selvas, desiertos y montañas buscando y estudiando a los insectos, y filmando lo que veo para la TV. Hay muchos insectos que hacen cosas fascinantes, nunca me aburro. ¡Tengo el mejor trabajo del mundo!

entomólogo

P **¿Alguna vez ha comido insectos?**

R Sí, frecuentemente. Muchas personas en el mundo comen insectos a diario. Es una comida saludable y algunos son muy sabrosos.

P **¿Hay alguno que tenga un sabor muy malo?**

R Los chinos hierven y comen las pupas luego de quitarle la seda a la mariposa de la seda. Para mí tienen un sabor horrible.

P **Si tuviera un restaurante de insectos, ¿qué incluiría en el menú?**

R Grillos africanos fritos en un poquito de aceite y ajo: ¡son una delicia!

P **¿Cuál es la picada más dolorosa que ha recibido?**

R Ser atacado por una colonia de hormigas guerreras fue muy doloroso. Pero la picada individual más dolorosa fue la de un escorpión.

P **¿Usted ha descubierto algún insecto nuevo?**

R Sí, muchos. Hay muchas especies por descubrir. Por eso son tan interesantes las expediciones. Hoy en día un tipo de hormiga, de chinche escudo, de insecto hoja y de cucaracha llevan mi nombre.

P **¿Cuál es su insecto preferido?**

R Todos me gustan, pero si tuviera que elegir una especie, diría las abejas, por lo importantes que son. Sin ellas, muchas plantas podrían desaparecer por falta de polinización.

Pseudoproscopia latirostris

75

Glosario

abdomen
Parte de un animal donde se encuentran el corazón y otros órganos.

antena
Uno de los dos apéndices que tienen los insectos en la cabeza y que usan para percibir su entorno.

arácnido
Invertebrado que tiene ocho patas y el cuerpo dividido en dos secciones. Las arañas y los escorpiones son arácnidos.

araña
Invertebrado que tiene ocho patas y el cuerpo dividido en dos secciones.

cabeza
Parte superior de un animal, donde tiene los ojos y la boca.

camuflaje
Coloración natural que ayuda a los animales a adquirir la apariencia de su entorno.

carnívoro
Animal que come carne.

celda
Pequeña sección de un nido o panal que se usa para poner a una cría de abeja o almacenar miel.

colonia
Grupo grande de animales de la misma especie que viven juntos.

compost
Plantas en descomposición que se usan como abono.

crustáceo
Animal que tiene un caparazón. La cochinilla es el único crustáceo que vive en tierra.

depredador
Animal que caza y devora a otros animales.

entomólogo
Científico que estudia a los insectos.

especie
Grupo de seres vivos que se parecen y tienen crías entre ellos.

exoesqueleto
Caparazón exterior duro que protege el cuerpo de muchos invertebrados.

halterio
Cada una de las dos alas que la mosca usa para dirigir su vuelo.

hemíptero
Tipo de insecto con un aparato bucal chupador, cuatro alas y antenas. Los áfidos y las cigarras son hemípteros.

insecto
Invertebrado terrestre con cuerpo de tres secciones, seis patas y, usualmente, dos pares de alas.

invertebrado
Animal sin columna vertebral, usualmente con un exoesqueleto o caparazón.

larva
Segunda etapa de la vida de un insecto, tras salir del huevo y antes de llegar a ser adulto.

metamorfosis
Serie de cambios físicos por los que pasan algunos animales, como las mariposas, para llegar a adultos.

muda
Cambio de una parte del cuerpo que queda chica, como el exoesqueleto.

néctar
Líquido dulce que hacen las flores, que algunos insectos comen y con el que las abejas hacen miel.

plaga
Desastre causado por la invasión de un gran número de insectos, como las langostas del desierto.

presa
Animal al que otro caza y devora.

probóscide
Parte alargada de la boca que tienen algunos animales como la mariposa.

pupa
Etapa intermedia de la vida de un insecto en la que descansa y se transforma en adulto.

social
Que vive en grupos.

tórax
Parte central del cuerpo de los insectos a la que están articuladas las patas y las alas.

veneno
Sustancia que usan algunos animales para matar a su presa.

zoología
El estudio de los animales.

Índice

Las polillas, o mariposas nocturnas, siempre parecen estar cerca de la luz en la noche. Quizás sea porque se guían por la Luna para viajar, y nuestras luces las confunden.

Agradecimientos

Fotografía

1: Alex Wild; 4bl: Subbotina/Dreamstime; 4–5: Eric Isselée/iStockphoto; 6–7: Skip Moody – Rainbow/Getty; 8–9: Igor Siwanowicz; 9tl: worldswildlifewonders/Shutterstock; 10 (spiderweb): Hemera/Thinkstock; 10 (spider on web): Thinkstock; 10 (butterfly): Dreamstime; 10 (spider, centipede): iStockphoto; 10 (ladybug): Dreamstime; 10 (beetle): iStockphoto; 10 (scorpion, millipede): Dreamstime; 11 (ants, l to r): iStockphoto, iStockphoto, Dreamstime, Dreamstime, Dreamstime; 11 (worm on finger): iStockphoto; 11 (t wood louse, c worm, large snail): Dreamstime; 11 (l wood louse, r wood louse): iStockphoto; 11 (b wood louse, b worm, r snail, b snail): Dreamstime; 12bl: Kristina Postnikova/Shutterstock; 12–13: Alex Wild; 13tc, 13tr: Cathy Keifer/Shutterstock; 13br: mike_expert/iStockphoto; 14–15 (background): AnastasiaSonne/Shutterstock; 14–15 (all frames): Iakov Filimonov/Shutterstock; 14 (fairyfly): George Poinar Jr. & John T. Huber/Wikipedia; 14 (bullet ant): Barbara Strnadova/Science Photo Library; 14 (mayfly): Stana/Shutterstock; 14 (millipede): Ocean/Corbis; 14 (butterfly): Jordan McCullough/iStockphoto; 14 (map): Vladislav Gurfinkel/Shutterstock; 14–15 (stick insect): Natural History Museum, London/Science Photo Library; 15 (giant weta): Thierry Berrod, Mona Lisa Production/Science Photo Library; 15 (stinkbug): Steve Heap/Shutterstock; 15 (giraffe-necked weevil): kurt_G/Shutterstock/Shutterstock; 15 (cicada): Caleb Foster/Shutterstock; 16–17: 3D4Medical/Photo Researchers, Inc.; 18l: Scholastic; 18r: irin-k/Shutterstock; 19 (pie): Chris Leachman/Shutterstock; 19 (dragonfly): Hintau Aliaksei/Shutterstock; 19 (ants): asharkyu/Shutterstock; 19 (wasp): irin-k/Shutterstock; 19 (stinkbug): Melinda Fawver/Shutterstock; 19 (green bug): Alex Kuzovlev/Shutterstock; 19 (dung beetle): Kletr/Shutterstock; 19 (ladybug) Scholastic; 19 (butterfly): Eric Isselée/Shutterstock; 19 (moth): Henrik Larsson/Shutterstock; 19 (large fly): irin-k/Shutterstock; 19 (red-eyed fly): Le Do/Shutterstock; 19 (grasshopper): Route66/Shutterstock; 19 (earwig): Cre8tive Images/Shutterstock; 20 (thorn treehopper): Francesco Tomasinelli/Photo Researchers, Inc.; 20 (honeypot ant): ANT Photo Library/Photo Researchers, Inc.; 20 (Arizona turtle ant): Alex Wild; 20 (leaf-cutter ant): Mark Bowler/Photo Researchers, Inc.; 20–21 (all others): Dreamstime, iStockphoto, Thinkstock; 22t: Ian Wilson/Shutterstock; 22bl: Peter Waters/Shutterstock; 22bc: Marco Uliana/Shutterstock; 22br: irin-k/Shutterstock; 22–23 (ladybug in flight): A & J Visage/Alamy; 22–23 (grass): Yellowj/Shutterstock; 23tl: Ian Grainger/Getty; 23br: Getty; 24tl: Dreamstime; 24cl, 24cr: Photoshot Holdings Ltd/Alamy; 24–25c: Alex Fieldhouse/Alamy; 25tl: coopder1/iStockphoto; 25tc: Dreamstime; 25tr: iStockphoto; 25bl: Ziga Camernik/Shutterstock; 25bc: Credit: Ioannis Pantzi/Shutterstock; 25br: Ziga Camernik/Shutterstock; 26tl: Dreamstime; 26–27: Cathy Keifer/Shutterstock; 27tl: Atarel/Dreamstime; 27tc: Paulbroad/Dreamstime; 27tr: Guido Gerding/Wikipedia; 27c: PHOTOTAKE Inc./Alamy; 27br: Dave Marsden/Alamy; 28–29b: Igor Siwanowicz; 28tr: Tonnywu76/Dreamstime; 29tl: Tom Brakefield/Thinkstock; 29tc: Gary Retherford/Photo Researchers, Inc.; 29tr: dra_schwartz/iStockphoto; 29br: Gumenuk Vitalij/Dreamstime; 30–31: Thomas Marent/Visuals Unli44mited/Corbis; 32tr: Henrikhl/Dreamstime; 32cl: Antonio Perez Devesa/Dreamstime; 32cm: Power and Syred/Photo Researchers, Inc.; 32cr, 32bl: Alex Wild; 33tl: Mille19/Dreamstime; 33tc (leaves): shumelki/iStockphoto; 33tr (eggs on leaf): Duncan McEwan/NPL; 33cl: Wong Hock Weng/Alamy; 33b: Alex Wild; 34 (all): Thomas Marent; 35tl: Buquet Christophe/Shutterstock; 35tr, 35bl, 35br: Thomas Marent; 36 (background): Smit/Shutterstock; 36l: Dreamstime; 36 (magnifying glass): Andreas Rodriguez/iStockphoto; 36 (scales): Natural History Museum, London/Science Photo Library; 36brt: Lisa Thornberg/iStockphoto; 36brc: Antagain/iStockphoto; 36brb: Willmetts/Dreamstime; 37tr: Bthompso2001/Dreamstime; 37cr: Antagain/iStockphoto; 37blt: Charles Brutlag/iStockphoto; 37blc: PeterWaters/Dreamstime; 37blb: Tonnywu76/Dreamstime; 39 (Queen Alexandra's birdwing butterfly): dieKleinert/Alamy; 39 (Spanish moon moth): Ray Coleman/Photo Researchers, Inc.; 38–39 (all others): Dreamstime, iStockphoto, Thinkstock; 40–41: Nathan Griffith/Corbis; 42 (tarnished plant bug): Alex Wild; 42 (water boatman): James Lindsey at Ecology of Commanster/Wikipedia; 42 (alder spittlebug): Ettore Balocchi/Wikipedia; 42 (thorn treehopper): Francesco Tomasinelli/Photo Researchers, Inc.; 42 (bronze orange bug): Jan Anderson/Wikipedia; 42 (two-striped spittlebug, wheel bug): Kaldari/Wikipedia; 42 (Scutiphora metallic shield bug): Benjamint444/Wikipedia; 42 (soldier bug): Ettore Balocchi/Wikipedia; 42 (western leaf-footed bug): Alex Wild; 42 (Parapioxys planthopper): Slashme/

Wikipedia; 42 (eastern bloodsucking conenose bug): Alex Wild; 42 (parent bug): Evanherk/Wikipedia; 42 (horehound shield bug): Olei/Wikipedia; 42 (backswimmer): Wikipedia; 42 (forest bug): Darkone/Wikipedia; 42 (assassin bug with proboscis): David Scharf/Photo Researchers, Inc.; 43 (tiger beetle with jaws): Ted Kinsman/Photo Researchers, Inc.; 42–43 (all others): Dreamstime, iStockphoto, Thinkstock; 44tc: Alfonso de Tomas/Shutterstock; 44bl: Dirk Freder/iStockphoto; 44bc: Robynmac/Dreamstime; 44br: Sherj/Dreamstime; 45tr: Richard Goerg/iStockphoto; 45 (flies): NatureOnline/Alamy; 45 (larvae): Goruppa/Dreamstime; 45b: Cooper5022/Dreamstime; 46tc: Alex Wild; 46tr: iStockphoto; 46c: Dreamstime; 46–47b: Eye of Science/Photo Researchers, Inc.; 47tl: Dreamstime; 47tr: Photoshot Holdings Ltd/Alamy; 48tr: Jocic/Dreamstime; 48bl: iStockphoto; 48bc: Dreamstime; 48–49c: Visuals Unlimited/Corbis; 49tl: iStockphoto; 49tr: Dreamstime; 49c: Jens Ottoson/Shutterstock; 49br: Scott Camazine/Photo Researchers, Inc.; 50tl, 50cl: Alex Wild; 50bl: Eric Isselée/Shutterstock; 50br: Eric Isselée/iStockphoto; 51tl: Christian Ziegler/Minden Pictures; 51tc: Hugh Lansdown/Shutterstock; 51tr: Warren Photographic; 51bl: Dreamstime; 51br: Eric Isselée/Shutterstock; 52–53: Reg Morrison/Auscape/Minden Pictures; 54tl, 54tr: Thinkstock; 54bl, 54br: Dreamstime; 55tl: Alex Wild; 55tr: Dreamstime; 55bl: Scott Camazine/Photo Researchers, Inc.; 55br: iStockphoto; 55 (honeypot): Dreamstime; 56–57: Volker Steger/Photo Researchers, Inc.; 58 (Arthrosphaera pill millipede): L. Shyamal/Wikipedia; 58 (Tanzanian tailless whip scorpion): Ivan Kuzmin/Shutterstock; 58 (Apheloria peach pit millipede): Bob Walker/Wikipedia; 58 (giant blue earthworm): Fletcher & Baylis/Photo Researchers, Inc.; 58 (jumping spider l): Alex Wild; 58 (Sydney funnel-web spider): James van den Broek/Shutterstock; 58 (varroa mite): Alex Wild; 58 (flat-backed millipede): Rob and Stephanie Levy/Wikipedia; 58 (yellow-spotted millipede): Rowland Shelley/Wikipedia; 59 (Madagascan Helicophanta snail): Jjargoud/Wikipedia; 59 (white-lipped snail): Mad Max/Wikipedia; 59 (Arizona bark scorpion): Alex Wild; 59 (ghost slug): AmGueddfa Cymru/National Museum of Wales/Wikipedia; 59 (Goliath bird-eating spider): Barbara Strnadova/Photo Researchers, Inc.; 59 (Solfugid sun spider): Alex Wild; 59 (red triangle slug): Ros Runciman/Wikipedia; 59 (Kinabalu giant earthworm): SuperStock; 59 (door snail): Andrew Dunn/andrewdunnphoto.com/Wikipedia; 58–59 (all others): Dreamstime, iStockphoto, Thinkstock; 60 (web, golden orb weaver spider, garden spider): Thinkstock; 60 (crab spider 1): Dreamstime; 60 (cucumber spider): Thinkstock; 60 (crab spider r, wasp spider): Dreamstime; 60 (black widow spider): Thinkstock; 60–61b: Natural History Museum, London/Photo Researchers, Inc.; 61tl, 61tc, 61tr: Dreamstime; 62bl: Brandon Alms/iStockphoto; 62cl: Dreamstime; 62b: D. Kucharski & K. Kucharska/Shutterstock; 63t: Igor Siwanowicz; 63bl: Dreamstime; 63bc: Dr Morley Read/Photo Researchers, Inc.; 63br: Dreamstime; 64tl: fivespots/Shutterstock; 64cl: Eric Isselée/Shutterstock; 64c: Ocean/Corbis; 64r: Paul Taylor/Getty; 65trl, 65trc: Chris Howey/Shutterstock; 65trr: Santia/Shutterstock; 65c: Thomas Payne/Shutterstock; 65cr, 65bc: Chris Howey/Shutterstock; 65br: Robert Harding World Imagery/Getty; 66tl, 66tr: Dreamstime; 66b: FLPA/Alamy; 67tl: Jacana/Photo Researchers, Inc.; 67tc, 67tr: Dreamstime; 67b: Nigel Cattlin/Alamy; 67 (worm on finger): iStockphoto; 68–69 (background): Yellowj/Shutterstock; 68cl: Dreamstime; 68–69c: blackpixel/Shutterstock; 69tl: Juniors Bildarchiv/Alamy; 69tr: aboikis/Shutterstock; 69cr: Thinkstock; 69b: Eric Isselée/Shutterstock; 70–71 (background): Photoshot/Alamy; 70bl: Henrik Larsson/Shutterstock; 70–71c: Thierry Berrod, Mona Lisa Production/Photo Researchers, Inc.; 71tr: Eric Isselée/Shutterstock; 71bc: Ivaschenko Roman/Shutterstock; 72–73 (background): Yellowj/Shutterstock; 72tr: iStockphoto; 72c: Courtesy of Crown, copyright FERA/Photo Researchers, Inc.; 73tr: Dreamstime; 73cl: iStockphoto; 73cm, 73cr, 73bl, 73br: Dreamstime; 74tr: Tim Martin; 74–75b: Dreamstime; 75: Alex Wild; 76bc, 76–77b: Eric Isselée/Shutterstock; 77bc: Eric Isselée/iStockphoto; 78–79: Dr. John Brackenbury/Photo Researchers, Inc.

Cubierta

Fondo: iStockphoto. Portada: (tl) Peter Ardito/Getty; (c) Alain Even/Getty; (c background) Fitzer/iStockphoto; (bl) Dr. Jeremy Burgess/Photo Researchers, Inc.; (br) contour99/iStockphoto. Spine: Cosmln/Dreamstime.
Back cover: (tl) Dreamstime; (tcl) Dreamstime, iStockphoto, Thinkstock; (tcr) Liewwk/Dreamstime; (tr) 3D4Medical/Photo Researchers, Inc.; (computer monitor) Manaemedia/Dreamstime.